ASUKA COMICS DX

Ludwig II.

ルートヴィヒII世

ラインの黄金《おうごん》

2

氷栗優

角川書店

Ludwig II.

ASUKA COMICS DX

ルートヴィヒII世

ローエングリン幻想譚《げんそうたん》
Ludwig II. ルートヴィヒII世
陛下《へいか》
明《あか》りをお持《も》ちしました

陛下《へいか》
明《あか》りをお持《も》ちしました

明《あか》りをお持《も》ちしました陛下《へいか》
――君《きみ》は…

あなたは私《わたし》を知《し》っているはずそして——待《ま》ちこがれていた
そう——ずっと昔《むかし》から

ねエ
乳母《ばあや》
あの人《ひと》は だあれ
そう――ずっと昔《むかし》から
あの大《おお》きな絵《え》の 真《ま》ん中《なか》にいる あの人《ひと》は――

ゆるやかに――
そう――まるで
恋人《こいびと》の愛撫《あいぶ》のように
官能《かんのう》を刺激《しげき》する優《やさ》しさに
包《つつ》まれ〝運命《うんめい》〟は姿《すがた》を現《あらわ》す
一八六一年《ねん》 ミュンヘン宮廷劇場《きゅうていげきじょう》

なんという
神秘《しんぴ》なおののきが
襲《おそ》うことか――
やさしい魔力《まりょく》が
誰《だれ》の胸《むね》にも有無《うむ》を
言《い》わさず捕《とら》えている

なんと美《うつく》しく
気高《けだか》い姿《すがた》だ！
奇跡《きせき》により
遣《つか》わされた あの騎士《きし》は！

ワーグナー「ローエングリン」第一幕《だいいちまく》より

あれはローエングリンでございますルートヴィヒさま
白鳥《はくちょう》の騎士《きし》
突《つ》き上《あ》げる熱《あつ》いものが
狂気《きょうき》なのか恋《こい》なのか——
白鳥《はくちょう》の引《ひ》く小舟《こぶね》に乗《の》って遥《はる》か遠《とお》くから現《あら》れ人々《ひとびと》を救《すく》うという英雄《えいゆう》
神《かみ》より遣《つか》わされた伝説《でんせつ》の聖杯《せいはい》の騎士《きし》
こうこうと照《て》るまがいものの光《ひかり》の中《なか》
唯一《ゆいいつ》その姿《すがた》だけが真実《しんじつ》であったろう…

この華麗《かれい》なる
音《おと》のうねりの中《なか》で

胸《むね》の奥《おく》から
全身《ぜんしん》を満《み》たす
陶酔《とうすい》と快楽《かいらく》に
身《み》を委《ゆだ》ねる——

それは
あたかも
乙女《おとめ》が
はじめて　その身《み》を
恋《こい》する男《おとこ》に開《ひら》くがごとく——

陛下《へいか》…
陛下《へいか》！
！
そちらに行《い》ってはなりません！

そちらに行《い》けば
――もう二度《にど》と――

あなたの魂《たましい》は月《つき》の光《ひかり》の中《なか》でのみ救《すく》われる——陛下《へいか》
ご自身《じしん》にも分《わ》かっていらっしゃるはず

夢《ゆめ》の御子《みこ》よ
あなたは
定《さだ》められし者《もの》
あなたは
月《つき》の雫《しずく》から
生《う》まれおちた玉《ぎょく》
その心《こころ》は水晶《すいしょう》のように
澄《す》みわたり
一点《いってん》の曇《くも》りさえ
宿《やど》しはしない
そのお心《こころ》にもし
現実《げんじつ》という名《な》の楔《くさび》が
打《う》ち込《こ》まれたならば
たちまち蜘蛛《くも》の巣《す》のような
亀裂《きれつ》があなたを覆《おお》い
そしてその身《み》を粉々《こなごな》に砕《くだ》くだろう
だからこそあなたは
誰《だれ》よりも真実《しんじつ》を見《み》る
そして それに——
！

たえられなくなる……！
——陛下《へいか》
明《あか》りをお持《も》ちしました
——どうかなさったのですか——ご気分《きぶん》でも…？
ホルニヒお前《まえ》…か
日暮《ひぐ》れるとさすがに寒《さむ》いですね暖炉《だんろ》に火《ひ》をお入《い》れしましょう
ああ すまない頭痛止《ずつうど》めの薬《くすり》のせいでボーッとしていたもうこんな時間《じかん》なのか

パチ…！
私《わたし》は――
お前《まえ》と共《とも》に
ゆけるのだろうかね
ホルニヒ…
私《わたし》はここにいて
あなたを待《ま》っている…
――さあ帰《かえ》っておいで
私《わたし》のもとに…愛《いと》しい御子《みこ》よ――
陛下《へいか》？

●作品中、『ローエングリーン』（高辻知義／訳 新書館刊）の一部を引用させていただきました。

ヴァルハラの使者《ししゃ》

Ludwig II. ルートヴィヒII世

カラ
カラ
ふーっ ミュンヘンは ひどい雨《あめ》だな ルイトポルト公《こう》は おられるか？
あ…これは
少々《しょうしょう》 おまちを
しばらく姿《すがた》を見《み》かけなかったが 何処《どこ》へ行《い》っていたのか
まことに神出鬼没《しんしゅつきぼつ》な男《おとこ》だな 君《きみ》は
いえ…ね ベルリンへ少々《しょうしょう》 ヤボ用《よう》が ありましてね

ベルリンといえば プロイセンの 首都《しゅと》ではないか
くわばら くわばら
我《わ》が国《くに》は今《いま》 反《はん》プロイセンの 気運《きうん》が最高潮《さいこうちょう》 なんだ
何《なに》を好《す》き このんで こんな時《とき》に!
長《なが》いものには 巻《ま》かれろ という 言葉《ことば》がある でしょう
時代《じだい》は確実《かくじつ》に プロイセンを勝機《しょうき》に 導《みちび》いているのです 世論《せろん》など 突《つ》きつけ られた現実《げんじつ》の前《まえ》には なんの力《ちから》にもなりゃ しない
つまりね いつまでも つかず 離《はな》れずのバイエルン をビスマルク《プロイセン》は 苦々《にがにが》しく思《おも》っている という事《こと》ですよ
!?
あなたなら この事態《じたい》を 打開《だかい》できる 私《わたし》は そう 信《しん》じているん ですがね
違《ちが》いますか ルイトポルト公《こう》

何《なに》が言《い》いたいのか
わ…わしゃ…
わ…わ
分《わ》からんね
まあ
いいでしょう
また伺《うかが》い
ますよ
不気味《ぶきみ》な
男《おとこ》だ

リヒャルト・ワーグナー!
ハ! とんだ殿上人《てんじょうびと》も あったもんだ!!
どうしたのかね 秘書長官殿《ひしょちょうかんどの》?
これを 見《み》てくれ あの歌劇《かげき》に 使《つか》われた総額《そうがく》! 目《め》ン玉飛《たまと》び出《だ》すぞ
4万《まん》5800フローリン!?
それだけじゃ ない 彼《かれ》の生活費《せいかつひ》 その他《ほか》いっさいの 援助《えんじょ》をしている のだ 王《おう》は!
あきれて ものが言《い》えん ワーグナーは 国庫《こっこ》にいっつく 米虫《こめむし》だ!
弟子《でし》のビューローの妻《つま》 コジマとの不倫騒《ふりんさわ》ぎが 新聞《しんぶん》で叩《たた》かれた時《とき》
なんと王《おう》の力《ちから》を借《か》りて その噂《うわさ》を鎮火《ちんか》させ ようとしたんだぞ
王《おう》は奴《やつ》がペテン師《し》だとは 思《おも》っていない ただのでっち上《あ》げだと言《い》う 奴《やつ》の言葉《ことば》を信《しん》じたのだ
だがワーグナーとコジマの 不倫《ふりん》を知《し》らぬ者《もの》はない 知《し》らぬとすれば 王《おう》のみだ

いや 案外《あんがい》 分《わ》かっていて あえて 見《み》ないようにしているのかもしれんな
あの方《かた》は そういう方《かた》だから——
まぁ陛下《へいか》 これが王宮《おうきゅう》の中《なか》にあるだなんて 信《しん》じられませんわ アルハンブラにいるみたい
まるで夢《ゆめ》の中《なか》にいるようですわ!
コンバンワ!!
!
お気《き》に召《め》しましたか 従妹《いとこ》どの?

では　もう一《ひと》つ　マジックをお見《み》せ　しましょうか
ああっ
おお…
反《はん》プロイセン　気運《きうん》は　ますます　高《たか》まっています

いけない すっかり遅《おそ》く なってしまった 今夜中《こんやじゅう》に山小屋《やまごや》の 方《ほう》へ移動《いどう》するって おっしゃってた からな
あせ…
陛下《へいか》の馬車《ばしゃ》の用意《ようい》 しとかないと!
裏道 通っちゃえ
親《しん》プロイセン派《は》の ホーエンローエ首相《しゅしょう》は いずれ上院《じょういん》で審議《しんぎ》 されるでしょうな
もちろん上院《じょういん》は 反《はん》プロイセンの 巣窟《そうくつ》 勝《か》ち目《め》 はない
こんな時間《じかん》に 人《ひと》の声《こえ》が…!?
ホーエンローエの退陣《たいじん》は 必然《ひつぜん》 そして王自身《おうじしん》の 政策《せいさく》にも疑問《ぎもん》が持《も》た れる…!
まあ我々《われわれ》には 願《ねが》ったり ですがね
——!?
サッ

プロイセンとフランスの情勢《じょうせい》も緊迫《きんぱく》している昨今《さっこん》
ドイツは統一《とういつ》を必要《ひつよう》としています
暗《くら》くてよく顔《かお》が見《み》えないもっと近《ちか》づかないと
すべてはバイエルンを思《おも》えばこそです あの腑《ふ》ぬけ王《おう》にこの国《くに》を任《まか》せてはおられません
えっ!?
将来的《しょうらいてき》にはあなたが王《おう》に代《か》わって――
ガタ
しまった
誰《だれ》だ!?

ま…まて
あの二人《ふたり》は
いったい何《なに》を——
顔《かお》を見《み》られたかな
いや この暗《くら》がりだ
分《わ》からんでしょう
あの馬丁《ばてい》
見覚《みおぼ》えがある
そう——
あれは
たしか…

将来的《しょうらいてき》には
あなたが王《おう》に
ちくしょう
顔《かお》をよく見《み》て
おくんだつた
陛下《へいか》!
ああ ホルニヒ
今夜《こんや》 山小屋《やまごや》へ
行《い》くと言《い》ったが…
撤回《てっかい》…だ
私《わたし》は少《すこ》し
酔《よ》ってしまった
どうなさったの
です
陛下《へいか》がそんなに
まで飲《の》むなど…

従妹殿《いとこどの》の驚《おど》いた顔《かお》を反芻《はんすう》していたのさ
クククク
人《ひと》を驚《おどろ》かすのは実《じつ》に楽《たの》しい
あーあワイン一本あけちゃって
照明《しょうめい》による幻想的《げんそうてき》な世界《せかい》は一夜明《いちやあ》けると武骨《ぶこつ》なただのはりぼて細工《ざいく》となり
ガチョウは花を喰いちらかすし
ガ
遥《はる》か悠久《ゆうきゅう》のオリエントの空《そら》は塗《ぬ》りたくった絵《え》の具《ぐ》の壁《かべ》に
遠《とお》くまで続《つづ》くと思《おも》われる川《かわ》はたかだか数十《すうじゅう》m《メートル》で終《お》わりを告《つ》げ
虹《にじ》はただの幻燈機《げんとうき》の見《み》せる幻《まぼろし》だ
――陛下《へいか》…
だがね
目《め》を閉《と》じると全《すべ》てがその雄大《ゆうだい》さを取《と》り戻《もど》し私《わたし》の中《なか》へ戻《もど》って来《く》る

私《わたし》の中《なか》で
永遠《えいえん》の神話《しんわ》と変《か》わる――
ホルニヒ
申《もう》し訳《わけ》
ありません
よい
やはり残《のこ》ったな
その傷《きず》…
スッ

お前《まえ》はいつもこの鍵《かぎ》を持《も》っているのだね
昔《むかし》…私《わたし》がやったものだ
私《わたし》の――宝物《たからもの》ですから

王《おう》は いたく傷《きず》ついて いらっしゃるのだ…
ワーグナーは その名誉《めいよ》のために
コジマは生《う》まれてくる 子供《こども》のために
コジマの夫《おっと》ビューローは その名声《めいせい》のために
彼《かれ》らは高潔《こうけつ》であらねば ならなかったのだ 真実《しんじつ》をねじまげ 王《おう》を謀《はか》っても
決《けっ》してコジマの腹《はら》の中《なか》の 子供《こども》はワーグナーとの子供《こども》で あってはならなかった
ルートヴィヒ王《おう》よ お聞《き》きくださいまし このような中傷《ちゅうしょう》は 根《ね》も葉《は》もない ことです
あなた様《さま》の口《くち》から 直接《ちょくせつ》そう言って いただければ ミュンヘン市民《しみん》も 黙《だま》るはずですわ
私達《わたしたち》の名誉《めいよ》にかけて 後《うし》ろめたい事《こと》は 何《なに》もありません 陛下《へいか》!
何《なん》と汚《きたな》らしい 人種《じんしゅ》…!

——
分《わ》かりました そのように取《と》り計《はか》らいましょう
だが一《ひと》つだけ約束《やくそく》してください ビューロー夫人《ふじん》 この冬《ふゆ》はどうぞ このミュンヘンから離《はな》れないでいただきたい
——スイスに居《きょ》をおく ワーグナーを追《お》うな…と
陛下《へいか》はあえて自分《じぶん》が道化《どうけ》となる道《みち》を選《えら》び
は! 王様《おうさま》が公式《こうしき》にワーグナーの醜聞《しゅうぶん》を否定《ひてい》なさっているぜ
全《まった》く バカっぽいよな うちの王様《おうさま》 いいように利用《りよう》されてるだけだってのにさ!
なおかつ彼《かれ》らの身《み》を案《あん》じ忠告《ちゅうこく》した
しかし その忠告《ちゅうこく》は無視《むし》され ビューロー夫人《ふじん》はワーグナーの待《ま》つスイスへと去《さ》っていった
そして翌年《よくねん》の6月《がつ》 子供《こども》を生《う》んだのだ…!
名前《なまえ》は〝ジークフリート〟
ワーグナーのオペラの主人公《しゅじんこう》の名前《なまえ》

ねぇ ホルニヒ
私《わたし》が初《はじ》めて ワーグナーの作品《さくひん》に ふれたのは 16歳《さい》の時《とき》観《み》た 『ローエングリン』 だった
とても 美《うつく》しかった この世《よ》のものとは 思《おも》えぬほど
そう——とても…ね

笑《わら》うかね——それが
私《わたし》の
初恋《はつこい》だったのだよ
陛下《へいか》を謀《たばか》ろうとしている者《もの》がいるなど
どうして言《い》えるだろう——
これ以上《いじょう》——
この方《かた》を悲《かな》しませてはいけない——

朝食用《ちょうしょくよう》のミルクは ここに運《はこ》んどき ますで
ああ いつも すまないね
おんや ホルニヒさん お顔《かお》の色《いろ》が悪《わる》いべ どうなすっただなや?
昨夜《さくや》は一晩中《ひとばんじゅう》お供《とも》で 山《やま》の中《なか》を駆《か》け まわったもの
ねむい
あの事《こと》が引《ひ》つかかって ろくに寝《ね》れないから 丁度《ちょうど》いいけど
ひゃああっ
こりゃ いげねっス 誰《だれ》かゴミ捨《す》て用《よう》の 穴《あな》に落《お》ちただなや えれーこったわ
いげねっす
びくっ

うおーい 誰《だれ》か引《ひ》き上《あ》げて くれ——
——ってて なんだって こんな所《ところ》に 穴掘《あなほ》るんだよ
プ…
なんだね その格好《かっこう》は ホルンシュタイン？
そりゃないでしょう 陛下《へいか》 遠路《えんろ》はるばる こんな山小屋《やまごや》 くんだりまで来《き》た 友人《ゆうじん》に向《む》かって
ホルンシュタイン伯《はく》 そういえば一度《いちど》王宮《おうきゅう》で お見《み》かけしたような——
ホルニヒ もう下《さ》がって いいよ
にぱ にぱ
かっわいい子 ちゃ～ん♡

なにね 私《わたし》も ホーエンローエ公《こう》に 泣《な》きつかれた口《くち》でしてね
陛下《へいか》のお気持《きも》ちは ようっく分《わ》かりますよ
上院《じょういん》で弾劾動議《だんがいどうぎ》が可決《かけつ》しちまったら もうどーにも…
！
そこで陛下《へいか》のお力《ちから》を ぜひお借《か》りしたいと思《おも》いまして
弾劾動議《だんがいどうぎ》が可決《かけつ》しただと
上院《じょういん》は私《わたし》の意見《いけん》を無視《むし》したというのか！
おや ご存《ぞん》じなかったんですか？
これは これは…
馬鹿者《ばかもの》どもが… 今《いま》さら反《はん》プロイセンを唱《とな》えてなんになる
ビスマルクの勢《いきお》いが強《つよ》い今《いま》―― バイエルンの孤立《こりつ》だけは避《さ》けねばならぬ事態《じたい》だというのが 何故《なぜ》分《わ》からぬのか…！

どうなさいます？
……上院《じょういん》は解散《かいさん》させる
ホーエンローエはそのまま留《と》め置《お》くのだ
御意《ぎょい》
あなたが聡明《そうめい》な方《かた》でよかった
今度《こんど》狩《かり》に行《い》きましょうやいい穴場《あなば》教《おし》えますよ
!?
だが
私《わたし》にそれだけの力《ちから》があればいいのだが…
何《なに》をおっしゃいます あなたは王《おう》ですぞ

ー
狩《かり》の話《はなし》だよ
狩《かり》の…ね
フ…
失礼《しつれい》ー
ぐぐっ
かしこすぎるのも
かわいそうな
もんだな…
さっきはどうも
ありがとよ
かわいい子《こ》ちゃん
ー！

この声《こえ》
まさか…
あ…あの
ホルンシュタイン
伯《はく》——
確《たし》かめなくて
は……
ああ　そうそう
かわい子《こ》ちゃん
忠告《ちゅうこく》してやるがな
あんまり深入《ふかい》り
しない方《ほう》が
身《み》のためだぜ

ホルンシュタイン伯《はく》
いやろ あんだ大丈夫だったけ?
なんだかオラあんだに親しみ感じまってよ
も〜〜
ホルンシュタインじゃゆーやい
あの時《とき》の片割《かたわ》れの男《おとこ》の声《こえ》に似《に》ている ── けれど 伯《はく》は陛下《へいか》のご友人《ゆうじん》ではないか…!
そんな事《こと》が…!?

ガクガク
な…
なんということだ
なんという
あの馬丁《ばてい》
王《おう》のお気《き》に入《い》り
だというでは
ないか
万《まん》が一《いち》事《こと》が
ばれたら
おしまいだ!
なんとかせねば
なんとか
でないと
私《わたし》は破滅《はめつ》だ
なんとか…!
―小心者《しょうしんもの》が!

!?
あれぇ
シルバー号《ごう》
一人《ひとり》で帰《かえ》って
来《き》たのか
ホルニヒさんは？

へェ…顔《かお》は女《おんな》みてェでも
やっぱ男《おとこ》なんだ
なんだい殺《や》っちまうんじゃなかったのか
足《あし》もっと開《ひら》かせろよ
次《つぎ》オレな次《つぎ》——！
慌《あわ》てんなって楽《たの》しんでからでも遅《おそ》くねェよこんな上玉《じょうだま》！
青《あお》い——月《つき》…

あなたのような
青《あお》く清《きよ》い輝《かがや》き——
私《わたし》の
恋《こい》してやまぬ
青《あお》い月《つき》の王《おう》
なんだ これェ？
ブチッ
陛下《へいか》に いただいた 鍵《かぎ》を——！
うわっ なんだこいつ ムチャクチャ 暴《あば》れやがる
くそっ
いいから絞《し》めちまえ
大人《おとな》しくしてたら もう少《すこ》しイイ目《め》みさせて やったのによ
おしいこった

グイィ
悪《わる》いな お前《まえ》にゃ なんの恨《うら》みもねェが
オレ達《たち》も 人《ひと》に雇《やと》われて るんでね
——人《ひと》に…!?
あの王宮《おうきゅう》で見《み》た 二人《ふたり》ってこと…か
ああ こんな所《ところ》で 死《し》んで…たまるものか
でも…だめ…だ 意識《いしき》が…遠《とお》のく……
スゥ…

だ…誰《だれ》かいるのか
そこに
ズガーン
ズガーン
銃声《じゅうせい》
こんな時間《じかん》に…
ああ
陛下《へいか》だよ
さきほど
ホルンシュタイン伯《はく》と
狩《かり》に出《で》られたんだ
フクロウでも
捕《と》るおつもり
かね？
射撃は下手っぴなのに
さあ 変《か》わった
方《かた》だから
ありうるな

ひゃ…ひゃあ
うわっ

ひぃ…い
ま…待《ま》ってくれ
カチ
カチ
カチ
いけません陛下《へいか》落《お》ちついて
お前《まえ》の銃《じゅう》も貸《か》せホルンシュタイン！
ブチ殺《ころ》してくれる！
おのれよ…くも
——陛《へい》…下《か》

これがなんだか分《わ》かるかね
そう火《ひ》かき棒《ぼう》さ
中世《ちゅうせい》では罪人《ざいにん》に焼《や》き鏝《ごて》を押《お》したそうだよ
これでも焼《や》き鏝《ごて》の代《か》わりになるだろうか?
や…やめてくれよ オレは雇《やと》われた…んだ
た…助《たす》けてくれ仕方《しかた》なかったんだ金《かね》がいったんだよ
た…頼《たの》むよ

雇《やと》われた!? 誰《だれ》に…! なんの目的《もくてき》で そんな事《こと》を したのだ!
しっ 知《し》らねーよ とにかく あの男《おとこ》を ブチ殺《ころ》せって それだけ
何《なに》も聞《き》かされて なかったんだよ 直接《ちょくせつ》には
頼《たの》むよ 助《たす》け…
ギャアアアア
なんと激《はげ》しい ご気性《きしょう》で
あの馬丁《ばてい》さん が そんなに 大事《だいじ》かね
役立《やくた》たずが!

おや 起《お》きてきて 大丈夫《だいじょうぶ》なのかい お嬢《じょう》ちゃん
陛下《へいか》…
声《こえ》かけて あげないんですか？
……

命《いのち》があっただけでもめっけもんよ
こんなこたぁ早《はや》く忘《わす》れちまいなって
――鍵《かぎ》を失《な》くしてしまった
鍵《かぎ》？

陛下《へいか》から…いただいた
とても大切《たいせつ》な――
いわゆる愛《あい》の証《あかし》ってやつか
ボー…
苦手だね オレコーユーノ
!
――そういえば あなたは何故《なぜ》ここにいるのです
グイ
陛下《へいか》と狩《かり》でもしようと思《おも》ってね なんだい オレがいちゃ変《へん》かね？

――この方《かた》は 彼《かれ》らの一味《いちみ》ではないのか 私《わたし》の口《くち》を塞《ふさ》ごうとした
ホルンシュタイン伯《はく》 ――では 私《わたし》に〝深入《ふかい》りするな〟とおっしゃった事《こと》の真意《しんい》は――
さあて? なんのこと だったっけ?
もの忘《わす》れ 激《はげ》しくってね
この男《おとこ》は 狸《たぬき》だ!
ウニじゃなくて

!
そこにいるのは誰《だれ》かね!?
なぜここへ入《はい》れた!?
何《なに》を怯《おび》えてらっしゃるんですか 私《わたし》ですよ
お家《うち》の方《かた》に言《い》って通《とお》してもらいました
あなたと私《わたし》の仲《なか》じゃないですか
君《きみ》か…! 驚《おどろ》かさんでくれ
なんなのだいったい？ こんな時間《じかん》に
これはあなたの命取《いのちと》りとなるものです
鍵《かぎ》…？ どういうことだ
あんた私《わたし》に黙《だま》って勝手《かって》なマネしなさったでしょう

ぎく
なんのことだね?
あんたの目論《もくろみ》は失敗《しっぱい》しましたぜ
あの馬丁《ばてい》さんの口《くち》を封《ふう》じるっていうね!
ルイトポルト公《こう》 これは あの馬丁《ばてい》が陛下《へいか》からもらったものなんですよ ホラ 王家《おうけ》の紋《もん》が入《はい》ってるでしょ? ある男《おとこ》がこれを売《う》ろうとしていた ——ゲオルグ・ミュラー ご存《ぞん》じですか?
ミュラー!?
あなたが差《さ》し向《む》けた男《おとこ》たちのリーダー 唯一《ゆいいつ》あなたとコンタクトをとった男《おとこ》です
ミュラーは私《わたし》の事《こと》を喋《しゃべ》ったのか!?
もうあの男《おとこ》は喋《しゃべ》れません まあ明日《あす》の新聞《しんぶん》をお読《よ》みなさいな
これに懲《こ》りて軽《かる》はずみはしない事《こと》ですな

！
どうなさったの あなた お顔《かお》の色《いろ》が…
いや なんでもないよ
ガサ
——ゲオルグ・ミュラー 汽車《きしゃ》の事故《じこ》で死《し》す
あの男《ホルンシュタイン》は——悪魔《あくま》か…！
よォ お嬢《フロイライン》ちゃん！ 怪我《けが》はもう いいのか？
にぱ にぱ
陛下《へいか》にお会《あ》いしたいんだがね 取《と》り次《つ》いで もらえるか
——私《わたし》は 厩舎《きゅうしゃ》の点検《てんけん》が ありますので どうぞ 他《ほか》の者《もの》に

どーしたんだ彼《かれ》は？
この処《ところ》ずっとああなんです陛下《へいか》も陛下《へいか》で一言《ひとこと》もホルニヒに声《こえ》をかけようともしない
何《なに》かあったんですかね あんなに仲良《なかよ》かったのに
こんな——穢《けが》れた身《み》で
陛下《へいか》のお側《そば》になどゆけるものか……！
陛下《へいか》の呼《よ》びかけも残念《ざんねん》ながら 功《こう》を奏《そう》さなかったようです
ホーエンローエ氏《し》は選挙《せんきょ》で大敗《たいはい》を喫《きっ》した…！四面楚歌《しめんそか》です
もはや彼《かれ》を首相《しゅしょう》の座《ざ》に留《とど》めおくことは出来《でき》まいな…
これ以上《いじょう》国民感情《こくみんかんじょう》を逆撫《さかな》でするのは得策《とくさく》とはいえない

日和見《ひよりみ》主義《しゅぎ》ですか？
時《とき》と場合《ばあい》によるね！
えらく机《つくえ》の上《うえ》散《ち》らかってますが——こりゃなんなんですかね
何《なに》かの設計図《せっけいず》？
そう…私《わたし》の夢《ゆめ》のね 倦《う》んだ世界《せかい》にはもうこりごりだ
こりゃ大《おお》がかりな夢《ゆめ》ですな
〝城《しろ》〟ですか そういや市民《しみん》が騒《さわ》いでましたっけ
一種《いっしゅ》のオペラさ 壮大《そうだい》な叙事詩《じょじし》をこの山《やま》の上《うえ》に構築《こうちく》する！
ばっ
その時《とき》私《わたし》の夢幻世界《むげんせかい》は

ここに現実《げんじつ》のものとなるのだよ…!
陛下《へいか》
ゲームをしてみませんか?
コト
ここに二《ふた》つのグラスがある
その中《なか》には酒《さけ》がなみなみと満《み》たされている
私のワインを勝手にあけるな
ご存《ぞん》じですか
モルヒネ

これは最近《さいきん》開発《かいはつ》されたものでね 貴族《きぞく》の間《あいだ》でもちょっとした"薬《くすり》"として ブームになっている
いわば"秘薬《ポアゾン》"です
一滴《いってき》垂《た》らすだけで夢心地《ゆめごこち》
だけど夢《ゆめ》は多量《たりょう》に摂取《せっしゅ》するもんじゃない 夢《ゆめ》に冒《おか》され お陀仏《だぶつ》だ いわゆる致死量《ちしりょう》ってやつですか
!?
左《ひだり》は何《なに》も入《はい》っていない ただのワイン この世《よ》の現実《げんじつ》すべての事実《じじつ》

ルクセンブルク問題《もんだい》でフランスとプロイセンの関係《かんけい》は悪化《あっか》の一途《いっと》を辿《たど》っています
1866年《ねん》の軍事同盟《ぐんじどうめい》によって我々《われわれ》南部《なんぶ》ドイツ諸国《しょこく》も その渦中《かちゅう》に巻《ま》き込《こ》まれざるをえなくなるでしょう
バルト海
ベルリン
北ドイツ連邦
（プロイセン）
ベルギー王国
ルクセンブルク大公国
バイエルン王国
オーストリア＝ハンガリー帝国
フランス帝国
ミュンヘン
ウィーン
スイス共和国
万《まん》が一《いち》 プロイセンとフランスが戦争《せんそう》でもしようものなら……
あなたも危惧《きぐ》なさっているのでしょう 陛下《へいか》？
ご決断《けつだん》の時《とき》はもう間近《まぢか》でしょうな
その時《とき》 あなたの日和見主義《ひよりみしゅぎ》がどこまで通《つう》じるか
口《くち》が過《す》ぎるぞ ホルンシュタイン
失敬《しっけい》 先《さき》を進《すす》めましょう
そして この右《みぎ》のグラス――
陛下《へいか》 あなたの大好《だいす》きな夢《ゆめ》のお国《くに》

ワーグナーの描《えが》くところゲルマンの神話世界《しんわせかい》かはたまた絵巻物《えまきもの》のルイ王朝《おうちょう》
かの太陽王《たいようおう》のいまします！
カラ…ン
二度《にど》とは現《うつつ》に戻《もど》れない――なれどあなたはこれによって魂《たましい》の解放《かいほう》を得《え》る！
さてあなたは
どちらをお選《えら》びになるのか？

君《きみ》は王《おう》を毒殺《どくさつ》するつもりかね？
選《えら》ぶのはあなただ

ガッ
グイ
陛下《へいか》？

君《きみ》こそ この酒《さけ》を飲《の》む必要《ひつよう》があるのではないか？
現実主義《げんじつしゅぎ》の不敬罪者《ふけいざいしゃ》くん！
うひゃっ

今《いま》の私《わたし》にはこの酒《さけ》は飲《の》めないのだ
飲《の》みたくてもね！
この鍵《かぎ》はホルニヒにやったものだ
どうして君《きみ》が？
へっへっへ
悪漢《あっかん》から取《と》り返《かえ》してきたんでさぁ
ほめる？

うむ
ありがとう！
ホルニヒが
意気消沈《いきしょうちん》して
いたのだ
ニコ
助《たす》かった！
私《わたし》は急用《きゅうよう》が
出来《でき》た ゆっくり
していきたまえ
ベルクと違《ちが》って
ここはあまり
居心地《いごこち》はよく
ないがね！
あ…
陛下《へいか》!?
ヤレヤレ
あなたは実《じつ》に
魅力的《みりょくてき》なお方《かた》ですよ
ルートヴィヒII世《せい》陛下《へいか》——
敵《てき》となるのが
申《もう》し訳《わけ》ない程《ほど》にね！
うひゃ〜〜
山《やま》の天候《てんこう》って
本当《ほんとう》
変《か》わり
やすいんだな
ザァァァ

おい ホルニヒ 見《み》かけなかったか!?
ああ それなら さっき――
ホルニヒ――
ホルニヒ
これ 陛下《へいか》から 預《あず》かったんだ お前《まえ》に渡《わた》せって
陛下《へいか》から?
――あ
なんだよ どーしたよ?
!?
あれ――? お前《まえ》泣《な》いてるのか? おい どーした ホルニヒ!?
――最愛《さいあい》なる者《もの》へ
再《ふた》び……

ラインの黄金《おうごん》

Ludwig II. ルートヴィヒII世

1870年《ねん》6月《がつ》26日《にち》
ミュンヘン宮廷劇場《きゅうていげきじょう》にて
『ワルキューレ』初演《しょえん》
あなたは誰《だれ》です
その気高《けだか》く美《うつく》しい姿《すがた》は？
死《し》を運命《うんめい》づけられた
者《もの》のみが私《わたし》の姿《すがた》を
見《み》る事《こと》ができる
私《わたし》を見《み》た者《もの》は 別《わか》れを
告《つ》げなければなりません
この光《ひかり》に満《み》ちた世界《せかい》に

私《わたし》は戦場《せんじょう》に現《あらわ》れ死《し》すべき英雄《えいゆう》たちの前《まえ》に立《た》つ者《もの》
陛下《へいか》
プロイセンが動員令《どういんれい》を下《くだ》しました
プロイセンとフランスの戦争《せんそう》は避《さ》けがたく——
我が国《バイエルン》もプロイセンとの盟約上《めいやくじょう》 中立《ちゅうりつ》の立場《たちば》をとる事《こと》は出来《でき》ないのです
陛下《へいか》
内閣《ないかく》は陛下《へいか》の動員令《どういんれい》をお待《ま》ち申《もう》し上《あ》げております
—!
ワルキューレ…戦死《せんし》した英雄《えいゆう》を天上《てんじょう》のヴァルハラ城《じょう》へ運《はこ》ぶ乙女《おとめ》——

死《し》の——乙女《おとめ》たちよ
かの国《くに》ヴァルハラより
降《お》り来《きた》りて
何《なに》もかも焼《や》きつくせ
世界《せかい》——総《すべ》て
——もう
打《う》つ手《て》は
無《な》いのか!
——戦争回避《せんそうかいひ》の
可能性《かのうせい》は
混沌《こんとん》——カオス
残念《ざんねん》ながら…
中立《ちゅうりつ》の立場《たちば》を
とり続《つづ》けた場合《ばあい》
プロイセンに反感《はんかん》を
買《か》う事《こと》になります
バイエルン存続《そんぞく》そのもの
が危《あや》ぶまれてしまう
ならば…
残《のこ》された道《みち》は一《ひと》つ
プロイセンと共《とも》に
戦《たたか》う事《こと》が一番《いちばん》の
得策《とくさく》かと…

バイエルンはプロイセンの勝利《しょうり》の恩恵《おんけい》を期待《きたい》するというわけか…
プライドも何《なに》もあったものではないな
我《わ》がヴィッテルスバッハ家《け》の血《ち》は 成《な》り上《あ》がりのホーエンツォレルンの血《ち》の前《まえ》に屈《くっ》した…か
フフ…
――これも随分《ずいぶん》アナクロな言《い》い方《かた》かもしれんな
このなんともやるせなく欺瞞《ぎまん》に満《み》ちた世界《せかい》――
ああ――ヴァルハラの乙女《おとめ》たちよ
焼《や》きつくし燃《も》やしつくせ
真実《しんじつ》など何《なに》もない
そして私自身《わたしじしん》この血《ち》の一滴《いってき》までも
その清《きよ》らかな腕《うで》を褥《しとね》に炎《ほのお》となる…

炎《ほのお》に抱《いだ》かれて
そして総《すべ》てが浄化《じょうか》される
厭《いとわ》しい罪《つみ》の穢《けが》れすら総《すべ》て——
なんという事《こと》だ 王自《おうみずか》ら動員令《どういんれい》に署名《しょめい》するとは！
自《みずか》ら プロイセンの属国《ぞっこく》になるというのか！
だがしかし これは英断《えいだん》かもしれぬ！
我《わ》がドイツ魂《だましい》を フランス野郎共《やろうども》に見《み》せつけてやれる
デンマーク王国
スウェーデン王国
オランダ王国
ベルリン
ベルギー王国
北ドイツ連邦
ブリュッセル
（プロイセン）
ルクセンブルク
オーストリア
ハンガリー
帝国
パリ
バイエルン王国
フランス帝国
ミュンヘン
スイス共和国
ベルン
しかしフランスも驚《おどろ》いたろうな
よもや我《われ》ら南部《なんぶ》ドイツがプロイセンに肩入《かたい》れするとは思《おも》わないものな
——見《み》ろ 奴《やつ》ら泡食《あわく》ってやがるぜ
国王《こくおう》万歳《ばんざい》
我《われ》らがドイツに栄光《えいこう》あれ！
ルートヴィヒ陛下《へいか》万歳《ばんざい》！

飲《の》み込《こ》まれてゆく
軍靴《ぐんか》の音《おと》に——
これが時代《じだい》と
いうものなのか…!
!
Heiaha!
Die Stute Stösst mir der Hengst!
Hoioho!

Hoioho! Hoioho!
Siegrune hier! Wo saumst du so long?
Arbe it gabs! Sind die andren schon da?
ヴァルハラ…の乙女《おとめ》…
いや…あれは男《おとこ》だ
―男性役者《だんせいやくしゃ》をワルキューレに使《つか》うなど聞《き》いてないぞ…！
Hojotoho! Hojoto
にいっ

ガタ
！
ど…どう
なさいました
陛下《へいか》!?
オペラ
グラスを
は!?
オペラグラスを
貸《か》せッ
？
いない…!?
これは…どういう事《こと》だ…!?
国王様《こくおうさま》
国王様《こくおうさま》！

この頃《ごろ》陛下《へいか》はどうなさったんだろ？
色々《いろいろ》ご心労《しんろう》が絶《た》えないのさ
クスクス
じゃなくて…

王《おう》のお気《き》に入《い》りも形《かた》なしってこと…
おっとっと
なんでも先《さき》の『ワルキューレ』で見初《みそ》めた役者《やくしゃ》とかで——今《いま》それを捜《さが》すのにやっきになってるって話《はなし》だぜ
なんとまぁそれを捜《さが》す役目《やくめ》ってのを仰《おお》せつかったのが——
かわいそうなこったなぁ
でも傷《きず》もんじゃな王《おう》も興醒《きょうざ》めだろうよ
よぉお嬢《じょう》ちゃん何《なに》シケた顔《かお》してんだ
おーっと失礼《しつれい》♡
でーーっ
ギャッ
!?
ホルシュタイン伯《はく》!

も〜〜〜ちゃうってホルンシュタイン
ペシ
あーらお見限《みかぎ》りじゃないの
とりあえずビール それからザウアークラウトにソーセージ大盛《おおも》りな
この店のはうまいんだぜ♡
んぐんぐ♡
待《ま》ちなってホルニヒ
くっか〜〜っ
五臓六腑《ごぞうろっぷ》に染《し》みわたる
やっぱドイツ人《じん》はこーでなくちゃね
申《もう》し訳《わけ》ありませんが——まだ仕事《しごと》がありますから
話があるってから来たのに…

その仕事《しごと》ってのは王《おう》のお相手《あいて》の斡旋《あっせん》かい？
やめときなあんたにゃ荷《に》が勝《か》ちすぎる
辛《つら》そうな顔《かお》して…
放《はな》してください
まあ座《すわ》んなって
あの方《かた》は諦《あきら》めていなさるのさ 現実《げんじつ》を見《み》る事《こと》をね
ドイツ?
この頃《ごろ》じゃどいつもこいつもフランスだプロイセンだ
ドイツの精神《せいしん》だとのぼせ上《あ》がってる中《なか》あんたの飼《か》い主《ぬし》のなんとまぁ冷《さ》めてる事《こと》
あの方《かた》の理想《りそう》は人《ひと》が住《す》みえないガラスの国《くに》の国王《こくおう》——
絶対《ぜったい》 誰《だれ》にも立《た》ち入《い》る事《こと》は出来《でき》ない！

いつまでつき合《あ》う気《き》なんだ?
あんたはこっち側《がわ》の人間《にんげん》だ
引《ひ》きずられて結局《けっきょく》ボロボロになるのは ホルニヒ——あんただぜ
ウフフカワイイ♡
こっちむいて♡
女《おんな》を知《し》れホルニヒ
女《おんな》はいいぞ
男《おとこ》を包《つつ》み込《こ》むように出来《でき》てる

!
申《もう》し訳《わけ》ありません
フロイライン
あなたの美《うつく》しい手《て》を
穢《けが》したくないので
——ご勘弁《かんべん》を
願《ねが》えますか
ひーキザ
ハラヒレホロハレ

お話《はなし》が
それだけなら
私《わたし》はこれで
ガタ
女をたてる
たあ紳士だねェ
分《わ》かってるん
だろう
このままじゃ
ドン底《ぞこ》だぜ
私《わたし》は――
あの方《かた》に総《すべ》てを
捧《ささ》げているの
です
それを
後悔《こうかい》はしない
つもりです
ほへー
おみごと!!

偽《ぎ》…善者《ぜんしゃ》だ
私《わたし》は…！
あ ホルニヒ
丁度《ちょうど》よかった 陛下《へいか》がワインを ご所望《しょもう》なんだ 持《も》って行《い》って くれないかな
わかった
はい これ
クスクス
KNOCK
陛下《へいか》

キイ…
なに？
ー！

クスッ
こら おやめ エルンスト
何《なに》してんのさ 早《はや》くよこせよ
すげー 一級品だぜ♪

――どうした
ホルニヒ
なんなら
お前《まえ》もおいで
――
…いえ
いえ…
陛下《へいか》…

失礼《しつれい》します
変《へん》なの せっかく陛下《へいか》が来《こ》いって言《い》ってるのに失礼《しつれい》な
ああ… あれが例《れい》の陛下《へいか》のお気《き》に入《い》りだったという馬丁《ばてい》さんですね
ククク
かわいそうにねェ あの傷《きず》じゃお払《はら》い箱《ばこ》になっても文句《もんく》は言《い》えませんね
数人《すうにん》の男《おとこ》に暴行《ぼうこう》を受《う》けたとかいう噂《うわさ》もあるんでしょう?
これが本当《ほんとう》の傷《きず》もの…なんて!
ガッ
い…いたっ 陛下《へいか》…何《なに》を
陛下《へいか》っ

お前《まえ》にホルニヒを誹謗《ひぼう》するどれ程《ほど》の価値《かち》があるというのかね？
ひ…お…許《ゆる》しください
陛下《へいか》お許《ゆる》しを
陛下《へいか》そんなにしてはエルンストの腕《うで》が折《お》れてしまいます
どうぞお慈悲《じひ》を！
自分《じぶん》の分《ぶん》をわきまえぬ者《もの》は犬以下《いぬいか》だという事《こと》を知《し》るのだな
二度《にど》とここへ足《あし》を踏《ふ》み入《い》れるな！
ひー
ばた
ばた

ふう…
タン
カタ
まだいるのか!
出《で》て行《い》けと
言《い》ったろう
失礼《しつれい》 陛下《へいか》
——しかし
あなたが私《わたし》を
お捜《さが》しだと
聞《き》いたもので
!
君《きみ》は…

私《わたし》の名《な》は アルバート・ニーマン
以後《いご》よろしく お見知《みし》りおきを
ルートヴィヒII世陛下《せいへいか》
7月《がつ》27日《にち》 プロイセンの皇太子《こうたいし》が ミュンヘンに到着《とうちゃく》した
プロイセン万歳《ばんざい》！
フリードリヒ皇太子《こうたいし》万歳《ばんざい》！
同盟《どうめい》により 南軍《なんぐん》の指揮《しき》を とるためである

共《とも》にドイツ民族《みんぞく》としての誇《ほこ》りをもつ者同士《ものどうし》―― あなたのご理解《りかい》が得《え》られ父《ちち》も大変喜《たいへんよろこ》んでおりました
バイエルン王国《おうこく》に協力《きょうりょく》していただければ フランスなど我《われ》らの敵《てき》ではありませんよ
――我《われ》らのよき進歩《しんぽ》のために
強《つよ》くあるために常《つね》に戦《たたか》う事《こと》を強要《きょうよう》される
この世《よ》の理《ことわり》のなんと愚《おろ》かで空《むな》しい事《こと》か…！
――軍靴《ぐんか》の音《おと》など
聞《き》きたくない――

陛下《へいか》ー　陛下《へいか》ーーッ
どうした　騒々《そうぞう》しい
陛下《へいか》　朗報《ろうほう》が…！
中間報告《ちゅうかんほうこく》ですが…
この電報《でんぽう》によりますと　アルザスは陥落《かんらく》したとの事《こと》　ドイツ軍《ぐん》の大勝利《だいしょうり》です！
アイゼンハルト君《くん》　見《み》てわかる通《とお》り　私《わたし》はこれから遠乗《とおの》りを　しようとしている　のだがね
続報《ぞくほう》を　お待《ま》ちください
どうぞ　お出掛《でか》けは　お見合《みあ》わせを
そんな事《こと》を　している場合《ばあい》では　ありませんぞ

君《きみ》はいつから王《おう》に命令《めいれい》をくだすようになったのかね
かっぱらかっぱら
フン
へ…陛下《へいか》
なんじゃいありゃ
事は国の一大事だってのに
戦争《せんそう》はドイツ軍《ぐん》の圧倒的《あっとうてき》な優勢《ゆうせい》のうちに展開《てんかい》し9月2日《がつふつか》にはセダンの要塞《ようさい》に追《お》いつめられたナポレオンⅢ世《せい》が8万《まん》3千《ぜん》の将兵《しょうへい》らと共《とも》に降伏《こうふく》
残余《ざんよ》のフランス正規軍《せいきぐん》もメッツの要塞《ようさい》に包囲《ほうい》されここに普仏戦争《ふっせんそう》の事実上《じじつじょう》の終焉《しゅうえん》となった

おい あれ
バイエルン国旗《こっき》じゃないか？
皇太子殿下《こうたいしでんか》
う…む…
なぜ あのような事《こと》を プロイセンに対《たい》する挑発《ちょうはつ》だと受《う》け取《と》られかね ません
危険《きけん》です 陛下《へいか》
議会《ぎかい》の要請《ようせい》を無視《むし》してこの勝利《しょうり》に・ドイツ国旗ではなく・バイエルンの旗《はた》を たてた事《こと》かね
・・・・ドイツ帝国の皇帝殿《こうていどの》はそんな事《こと》で 目《め》くじらなどたてぬさ
しかし――
僭越《せんえつ》だぞ ホルニヒ

ビクン
お前《まえ》は一介《いっかい》の馬《ば》丁《てい》長官《ちょうかん》だ
差《さ》し出《で》がましい口《くち》を聞《き》くものではない
下《さ》がりたまえ
……!
申《もう》し訳《わけ》ございません
ドイツ国旗《こっき》にはなんの意味《いみ》もないそんな空《から》っぽの旗《はた》をたてるくらいなら
まだバイエルンの旗《はた》の方《ほう》がましだ…!
はっ
なぜなら

バイエルンの青《あお》は
彼の瞳《ひとみ》の色《いろ》に似《に》ている…
そうでしょう陛下《へいか》？
アルバート
どこから入《はい》ってきたのだ
神出鬼没《しんしゅつきぼつ》な男《おとこ》だな 君《きみ》は
陛下《へいか》の心《こころ》の隙間《すきま》から…
——とても
愛《あい》していらっしゃるのですね
ホルニヒを

だから恐《おそ》れている
黙《だま》れ!
あなたはあの方《かた》が恐《こわ》いのです あまりにいとおしくなりすぎて
自分自身《じぶんじしん》ならずもあの方《かた》まで巻《ま》き込《こ》んで傷《きず》つけてしまうのが怖《こわ》いのです
うるさい
だから あえて無視《むし》しようとした——
黙《だま》れと言《い》っているのが聞《き》こえぬかッ
不器用《ぶきよう》な方《かた》だ あなたは

愛《あい》するほどに
孤独《こどく》になる
私《わたし》にその身《み》をおあずけなさい陛下《へいか》
私《わたし》はあなたを包《つつ》み込《こ》んで差《さ》し上《あ》げられる

私《わたし》は
あなたの唯一《ゆいいつ》の理解者《りかいしゃ》
空《そら》が暗《くら》い…
なんて禍々《まがまが》しい色《いろ》なんだろう
古《ふる》き…
バイエルンの終焉《しゅうえん》

陛下《へいか》――
陛下《へいか》 入《はい》りますよ
――ホルンシュタインか どうしたのかね 急《きゅう》に
こんな格好《かっこう》で すまぬな 今《いま》 頭痛《ずつう》が ひどくてね
急《きゅう》でもないんですぜ 朝《あさ》っぱらから 6時間《じかん》も待《ま》ち ぼうけ
業《ごう》を煮《に》やして 飛《と》び込《こ》んで 来《き》ちまいました
!?
夕方《ゆうがた》までに ヴェルサイユへ 発《た》ちたいんでね
てっとり早《ばや》く 言《い》わせていただき ますよ 陛下《へいか》
ガサ…
これは?

陛下《へいか》がプロイセン王《おう》に宛《あ》てて書《か》かねばならない書簡《しょかん》の草稿《そうこう》です
これを書《か》き写《うつ》してただちにご署名《しょめい》していただきたいのです
!
私自ら・・・プロイセンに
私《わたし》の国《くに》をもらってくれと頼《たの》めと――そう言《い》うのかね…!
身売《みう》りだなどととんでもないプロイセンを中心《ちゅうしん》とした大《だい》ドイツ帝国《ていこく》の一員《いちいん》となるのです
この同盟《どうめい》に加《くわ》わらない事《こと》の方《ほう》が我《わ》が国《くに》にとっては危《あぶ》ない橋《はし》だって事《こと》は
ぐしゃ
身売《みう》りせよと…!
聡明《そうめい》な陛下《へいか》だ私《わたし》が言《い》わなくても分《わ》かってらっしゃるでしょう?
!
君《きみ》はたしかビスマルクの血縁者《けつえんしゃ》だったな――成程《なるほど》…!

いけませんな 陛下《へいか》 大事《だいじ》な草稿《そうこう》だ
こんな物《もの》は書《か》けない
もって帰《かえ》ってくれ
駄々《だだ》をこねるものではありませんよ 陛下《へいか》
政府《せいふ》の狙《ねら》いは陛下《へいか》のお考《かんが》えと常《つね》に一致《いっち》しているとお考《かんが》えなさいますな
——つまり最終手段《さいしゅうしゅだん》に訴《うった》える事《こと》もできるという事《こと》です
フン
クーデターでも起《お》こすと？

そうは言《い》ってやしません——ただその可能性《かのうせい》もあるからと
友人《ゆうじん》としてご心配《しんぱい》申《もう》し上《あ》げたまでです
わちっ
これを書《か》き写《うつ》すには 紙《かみ》と机《つくえ》が必要《ひつよう》なんだよ
いってて〜
陛下《へいか》どこへ…？
そんな事《こと》も知《し》らんのかね？

ご賢明《けんめい》な処置《しょち》です陛下《へいか》
南《みなみ》ドイツ連邦《れんぽう》は陛下《へいか》の議長権《ぎちょうけん》をドイツ全諸国《ぜんしょこく》に及《およ》ぶものとし——
この議長権《ぎちょうけん》が一人《ひとり》の首長《しゅちょう》の手《て》にある事《こと》が良《よ》いと確信《かくしん》し進言《しんげん》してきました
ドイツ帝国《ていこく》の尊厳《そんげん》の復活《ふっかつ》ののちは
1871年《ねん》1月《がつ》18日《にち》プロイセン王《おう》ウィルヘルムI世《せい》はドイツ帝国《ていこく》の皇帝《こうてい》となった
陛下《へいか》が諸侯《しょこう》の同盟《どうめい》により
行使《こうし》される権利《けんり》であると——

ヴェルサイユ宮殿《きゅうでん》の
鏡《かがみ》の間《ま》での即位式《そくいしき》で、
居並《いなら》ぶドイツ諸侯《しょこう》が出席《しゅっせき》する中《なか》
唯一《ゆいいつ》
ルートヴィヒ
の姿《すがた》だけが
無《な》かった
陛下《へいか》

ホーエンツォレルン《ブロイセン》の血《ち》を根絶《ねだ》やしにしてやりたい ——そうお思《おも》いなのですね
ならば明日《あした》の皇太子《こうたいし》フリードリヒを迎《むか》えての祝賀《しゅくが》の閲兵式《えっぺいしき》
クスクス
いいチャンスではありませんか
恐《おそ》ろしい事《こと》を平気《へいき》で言《い》う
あなたの事《こと》ならなんでも分《わ》かると申《もう》し上《あ》げたでしょう
これは
あなたの心《こころ》の声《こえ》…

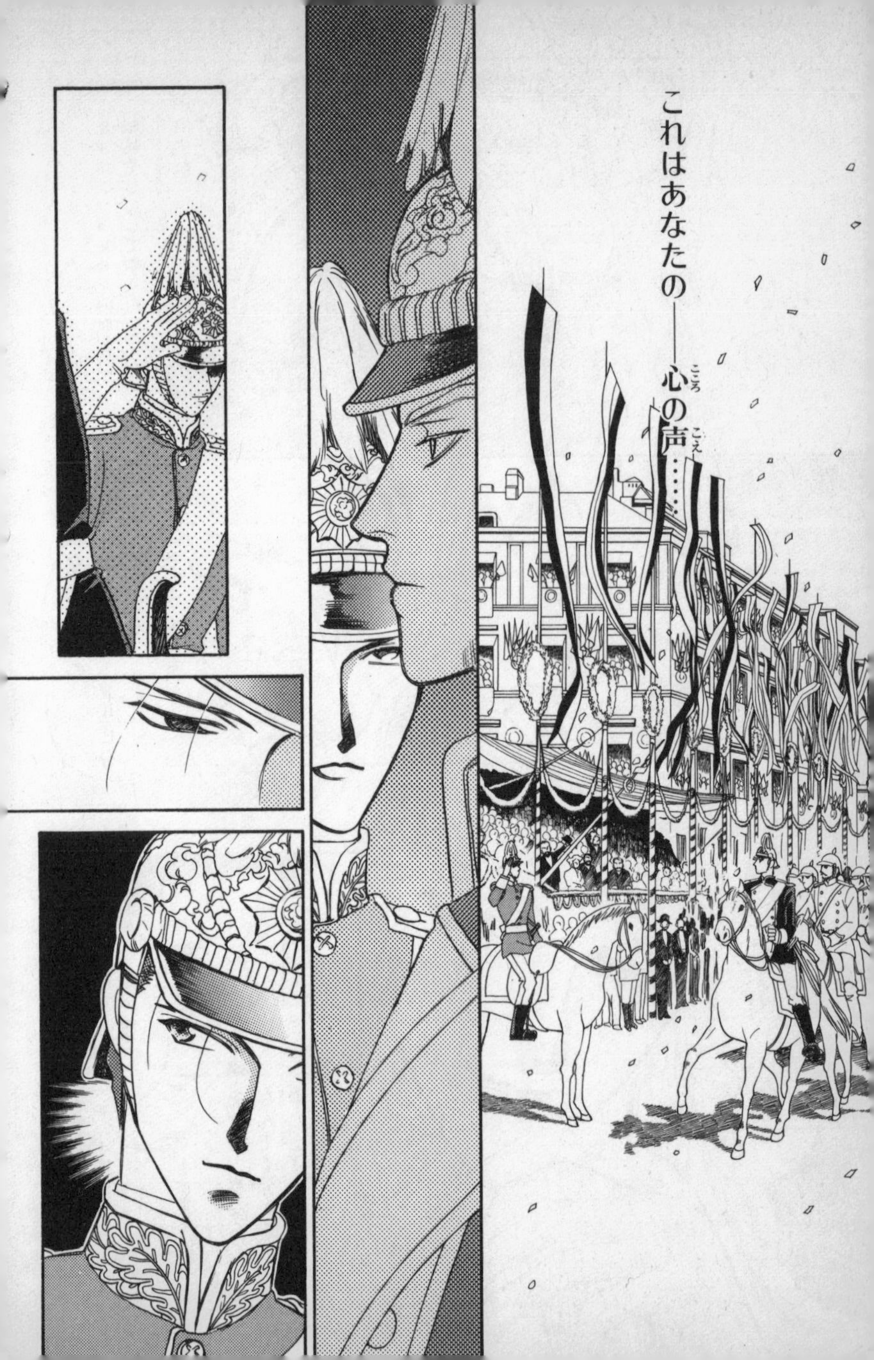
これはあなたの――心《こころ》の声《こえ》……

どうか なさいましたか
いや なに
これが臣下としての 初《はじ》めての騎乗《きじょう》だな ――と思《おも》ってね
…陛下《へいか》

陛下《へいか》 それは…!?
お前《まえ》には関係《かんけい》ない
誰《だれ》にも言《い》ってはならぬ
いいな ホルニヒ

いいな
陛下《へいか》……
どうしたのです キョロキョロして
あ…いえ なんだか我々《われわれ》は皆《みな》とはぐれてしまったようですね
ここは私《わたし》の別荘《べっそう》のある島《しま》です 警護《けいご》は固《かた》いですから ご心配《しんぱい》めさるな せっかくの機会《きかい》です 初夏《しょか》の美《うつく》しい自然《しぜん》を 堪能《たんのう》しようではありませんか
おや
ハハハハハ
こんな所《ところ》にキツネが巣《す》を…!
いい毛皮《けがわ》だ 銃《じゅう》をもってくればよかった

――陛下《へいか》……!

いけません
陛《へい》下《か》ッ！
ドサ!
——この
プライドの高《たか》い方《かた》が
こんなにも

――銃《じゅう》を
こんなにも追《お》いつめられて―
貸《か》してください

ホルニヒ——お前《まえ》
あなたが手《て》を下《くだ》す必要《ひつよう》はない
これはすべて
私《わたし》の一存《いちぞん》…！

パ
え…
!?
なんだ今《いま》の銃声《じゅうせい》!?
てへへ
おどろいた—?
ガサ
いやあ すまんこってす 殿下《でんか》
鳥《とり》撃《う》ちに 興《きょう》じていた もんで
近《ちか》くに人《ひと》が いるとは 気《き》が付《つ》き ませんでした
ホント 失礼《しつれい》しました

君《きみ》は本当《ほんとう》に酔狂《すいきょう》な男《おとこ》だなホルンシュタイン
堅苦《かたくる》しー式典《しきてん》とかゆーのどーも苦手《にがて》でね
全くグズグズ
ナイスフォロー
おや陛下はどこへ行かれたのか？
先戻ったみたいですぜ何か用事でもあったんじゃないスか
陛下《へいか》これは
空砲《くうほう》だ

私《わたし》はそこまで無分別《むふんべつ》ではないよ
！
あなたという方《かた》は！これでどうなさるおつもりだったんです
ーーさあ
さあ…って陛下《へいか》

見《み》てみろ ホルニヒ
自然《しぜん》というのは なんと雄大《ゆうだい》で 純粋《じゅんすい》なもの なのだろう
まるで 炎《ほのお》の海《うみ》だ
本当《ほんとう》に
ヴァルハラが 炎上《えんじょう》した ように
いずれ 総《すべ》てが 浄化《じょうか》される だろう
お前《まえ》に口付《くちづ》け してもいいか
どうなさった のです 陛下《へいか》
あなたが そんな事《こと》 おっしゃる なんて…

笑《わら》うかね 私《わたし》は今《いま》 初《はじ》めて恋《こい》を知《し》った 少女《しょうじょ》のように 震《ふる》えているのだよ
お前《まえ》が いとおしい
どうしていいか 分《わ》からぬ程《ほど》に…

サラ
ホルニヒ…

私《わたし》は
行《い》かねばならぬ
——ならば 私《わたし》も
何処《どこ》へ…とは 問《と》わないのだね
なぜ問《と》う必要《ひつよう》が ありましょう
私《わたし》はいつでも あなたのお側《そば》に いると誓《ちか》いました

陛下《へいか》…!
きゅ
ぱっ
銃《じゅう》を取《と》ってきてくれ
皆《みな》が心配《しんぱい》しているぞ
あ…はい

陛下《へいか》 これを…
陛《へい》…下《か》？
どこです 陛下《へいか》――ッ
陛《へい》下《か》――ッ

ルートヴィヒII世陛下《せいへいか》はどうされた
それがその
たった今《いま》ベルク城《じょう》へと向《む》かわれたとの事《こと》です
何《なに》〜〜っ皇太子陛下《こうたいしへいか》に暇乞《いとまご》いも無《な》しにか——なんたる事《こと》か！
はぁ…
後《あと》のフォローが大変《たいへん》だぞこりゃ
ガラガラガラ！
どこへ行《い》きましょうか
山《やま》へ——
月光《げっこう》に照《て》らされたアルプスが見《み》たい
私《わたし》はそこで私《わたし》の王国《おうこく》を築《きず》くのだたった一人《ひとり》で……
それこそが私《わたし》には相応《ふさわ》しい

お前《まえ》の顔《かお》
どこかで見《み》たと思《おも》っていたがやっと思《おも》い出《だ》した
16歳《さい》の時《とき》初《はじ》めてワーグナーのオペラを観《み》たのだ
その『ローエングリン』の白鳥《はくちょう》の騎士《きし》にお前《まえ》は生《い》き写《うつ》しだ
それでは私《わたし》はかなり老《ふ》けている訳《わけ》ですね
陛下《へいか》が16の頃《ころ》というと――

あの役者《やくしゃ》は昨年《さくねん》死《し》んだ名《な》はアルバート・ニーマン
お前《まえ》が似《に》ているのは"ローエングリン"それ自体《じたい》だ
ならば これからは"ローエングリン"とでも名乗《なの》りましょうか
Nein
私《わたし》はお前《まえ》の本当《ほんとう》の名《な》を知《し》っている
だから私《わたし》は身《み》を委《ゆだ》ねたのだ
お前《まえ》はこの時代《じだい》そのもの
ガラガラ…
この――狂気《きょうき》と混沌《こんとん》の時代《じだい》――そのもの……

●作品《さくひん》中《ちゅう》、『狂王《きょうおう》ルートヴィヒ 夢《ゆめ》の王国《おうこく》の黄昏《たそがれ》』(ジャン・デ・カール／作《さく》 三保《みほ》 元《もと》／訳《やく》 中央公論社《ちゅうおうこうろんしゃ》刊《かん》)の一部《いちぶ》を引用《いんよう》させていただきました。

憂愁《ゆうしゅう》のジークフリート

Ludwig II. ルートヴィヒⅡ世

カッ
うわあああ
ふうう…
ぐ
おああ
どうしたのだ
この騒《さわ》ぎは!
あ これは
陛下《へいか》!

近寄《ちかよ》ってはなりません
今誰《いまだれ》も分《わ》からない状態《じょうたい》ですから
うう…ふ…っ
うーあー
拘禁服《こうきんふく》を!
はい
ならぬ
し…しかし陛下《へいか》
オットー私《わたし》だ
お前《まえ》の兄《あに》のルートヴィヒだよ
う…
ああ

ビク!!
あ…ああ…
私《わたし》だよ 分《わ》からないのかい
そんなはずは…ない…な?
すまないが二人《ふたり》だけにしてくれないか
ぱた…ん

大丈夫《だいじょうぶ》だ オットー
ガチ ガチ
私《わたし》がついて いるでは ないか… この世《よ》で たった二人《ふたり》の 兄弟《きょうだい》だ…
ガシ
ザワ…
…こ…わい
こわい…んだ 兄《にい》…さん
何《なに》もかもが 崩《くず》れてゆく ぼく自身《じしん》も すべて…

足《あし》もとから
溶《と》けて…崩《くず》れて
ゆく…
立《た》っていられない
どうしていいか
わからないんだ
ブッ
ぼくは
神《かみ》に祈《いの》った
んだ…
ブッ
ブッ
けどね
大変《たいへん》な間違《まちが》いを
犯《おか》してしまった
オットー?
ク…ククク
ぼくはね
イエス・キリストと
寝《ね》ちまったのさ
だから天《てん》が怒《いか》って
鳴《な》っているんだよ
ガッ
これは
ぼくにかせられた
罰《ばっ》なんだ
あーははは
はは

もう…
もういい オットー
お前《まえ》の姿《すがた》は我《わ》が体内《たいない》を巡《めぐ》る
ヴィッテルスバッハの血《ち》の終焉《しゅうえん》を物語《ものがた》る――
呪《のろ》われた血《ち》――
もういい…
陛下《へいか》
ホルンシュタイン伯《はく》が ごあいさつにと 参《まい》っておりますが

お通《とお》しせよ
陛下《へいか》はご気分《きぶん》がすぐれないのです 逆撫《さかな》でしないでくださいよ
へーへー
ヴー
おやおや
私《わたし》はあまり歓迎《かんげい》されてないようで…
まいったな
おやめ トリスタン
自分《じぶん》より不幸《ふこう》に陥《おちい》っている者《もの》を見《み》ると 気持《きも》ちが慰《なぐさ》められますな
どういう意味《いみ》かね？

そう睨《にら》まんでくださいよおっかないなぁ
あなたを差《さ》しおいて弟君《おとうときみ》を王《おう》にたてて私腹《しふく》を肥《こ》やそうと企《たくら》む輩《やから》の事《こと》ですよ
今頃《いまごろ》地団太《じだんだ》踏《ふ》んでますぜ
オットー殿下《でんか》がニンフェンブルクにつながれてしまった今《いま》あなたの王位《おうい》は安泰《あんたい》だ！
王位《おうい》など——いつでもくれてやるさ
それがご本心《ほんしん》とは思《おも》いがたいですな
何故《なぜ》かね？

へっへっへ
お城《しろ》を造《つく》るにも先立《さきだ》つものが・・・必要《ひつよう》でやんしょ？
あなたの夢《ゆめ》の城《しろ》に乾杯《かんぱい》といきますか！
下衆《げす》が！
君《きみ》に飲《の》ませるワインはないが
君《きみ》の肉《にく》はなかなか喰《く》いでがありそうだとトリスタンは言《い》ってるよ
がう
行《い》け
トリスタン
うひ

陛下《へいか》!
ひゃー 助《たす》けて下《くだ》さいよ へーかー
はははは
どーなってんだ この情況!?
明日《あした》 リンダーホフへ 発《た》つから馬車《ばしゃ》を 準備《じゅんび》しておいて くれ
はい…
陛下《へいか》はバラ島《ローゼンインゼル》での 祝賀会《しゅくがかい》以来《いらい》 一度《いちど》も目《め》をあわそうと なさらない

存在《そんざい》は認《みと》めるが それ以上心《いじょうこころ》を交《か》わす 必要《ひつよう》がない——とばかりに
何《なに》かいらんこと言《い》いましたね!?
いや なに…
やるか ホルニヒ いいワインだぜ
ちゃっかり すゆるし—
いりません
人《ひと》は夢《ゆめ》を喰《く》うだけでは 生《い》きられない
汚《よご》れてこその人生《じんせい》だ…! だのに
なぜあの方《かた》はいつまでも無垢《むく》のお心《こころ》のままなんだ
オレは ああいうの見《み》ていると無性《むしょう》に腹《はら》が立《た》つのさ
汚《よご》れちまった自分《じぶん》を 見《み》せつけられるからかな…
ホルンシュタイン伯《はく》…!

陛下《へいか》を…
なーんにも
どうなさるおつもりです
オレにそんな権力《けんりょく》あるわけないじゃないか
何《なに》を心配《しんぱい》しているんだフロイライン
ガシャーン
マリア またやったね これだから山育《やまそだ》ちは…！
誰《だれ》かがオレの足《あし》引《ひ》っかけたんだッ

口答《くちごた》えすんじゃないよ新入《しんい》りのくせに!
ちょっと聞いた!? すごい方言! 〝ざし〟だって
クスクス
ばちっ
ガッ
なーんだい その目《め》は
ニタリ
あんたには分《ぶん》をわきまえるってことが必要《ひつよう》だね マリア
ジャブ ジャブ
くそー とかなんとかいって
洗濯物《せんたくもの》全部《ぜんぶ》オレに押《お》しつけたな あんのババア!
はー
母ちゃん ハンス カール 姉ちゃん ガンバるかんねっっ
おい 見《み》ろよ
中庭《なかにわ》の噴水《ふんすい》で洗濯《せんたく》してる奴《やつ》がいるぜ
何《なん》だ あれ? ヘンな奴《やつ》ーっ

おっしゃ——っ
第一弾《だいいちだん》ッ 上《あ》がりッ
=
!?
わっわっわっ

洗濯物《せんたくもの》無事《ぶじ》だった？
あ…ありが…と
トン
君《きみ》は新《あたら》しく入《はい》った子《こ》だね えっと マリアだっけ
うん そう
すげー いちいち名前《なまえ》覚《おぼ》えてんだ 王室馬丁長官殿《おうしつばていちょうかんどの》は
ぽ〜っ
かんどー
ホルニヒで いいよ
ねェ マリア 噴水《ふんすい》はあまり洗濯物《せんたくもの》には向《む》いてないね
裏《うら》に井戸《いど》があるから そこを使《つか》うといい
うん… そーするよ

おい
あれ
ああ
やべー
?
あの方《かた》は
あれだろ…噂《うわさ》の
最近《さいきん》の王《おう》の
お相手《あいて》
騎兵士官《きへいしかん》から
侍従武官《じじゅうぶかん》に
なったっていう
えっ
あいかわらず
ご乱行《らんこう》だよな
愛人同士《あいじんどうし》の
確執《かくしつ》って
やつか
フン
通《とお》していただけ
ますか
ヴァリコート男爵《だんしゃく》

ぼくの名《な》は・・・ヴァリクール・・・
フランス語《ご》読みでね！陛下《へいか》はこっちの方《ほう》が気《き》に入《い》ってるのさ
あははは
君《きみ》の馬番・・としての腕《うで》はぼくも認《みと》めているのでね！
まぁ職《しょく》にあぶれたらいつでも言《い》ってきてくれたまえ
ムカ
やなやつ〜〜っ
ドバ
ケ
一応てーねー語
すまねェでござんすよ不慣《ふな》れなもんで
王《おう》の愛人《あいじん》！あの人《ひと》が・・・
洗いなおしかしゃーねーや
オレ・・・王《おう》さまって嫌《きら》いこんなトコで働《はたら》いちゃいるけどさ
やっとめっけた働き口

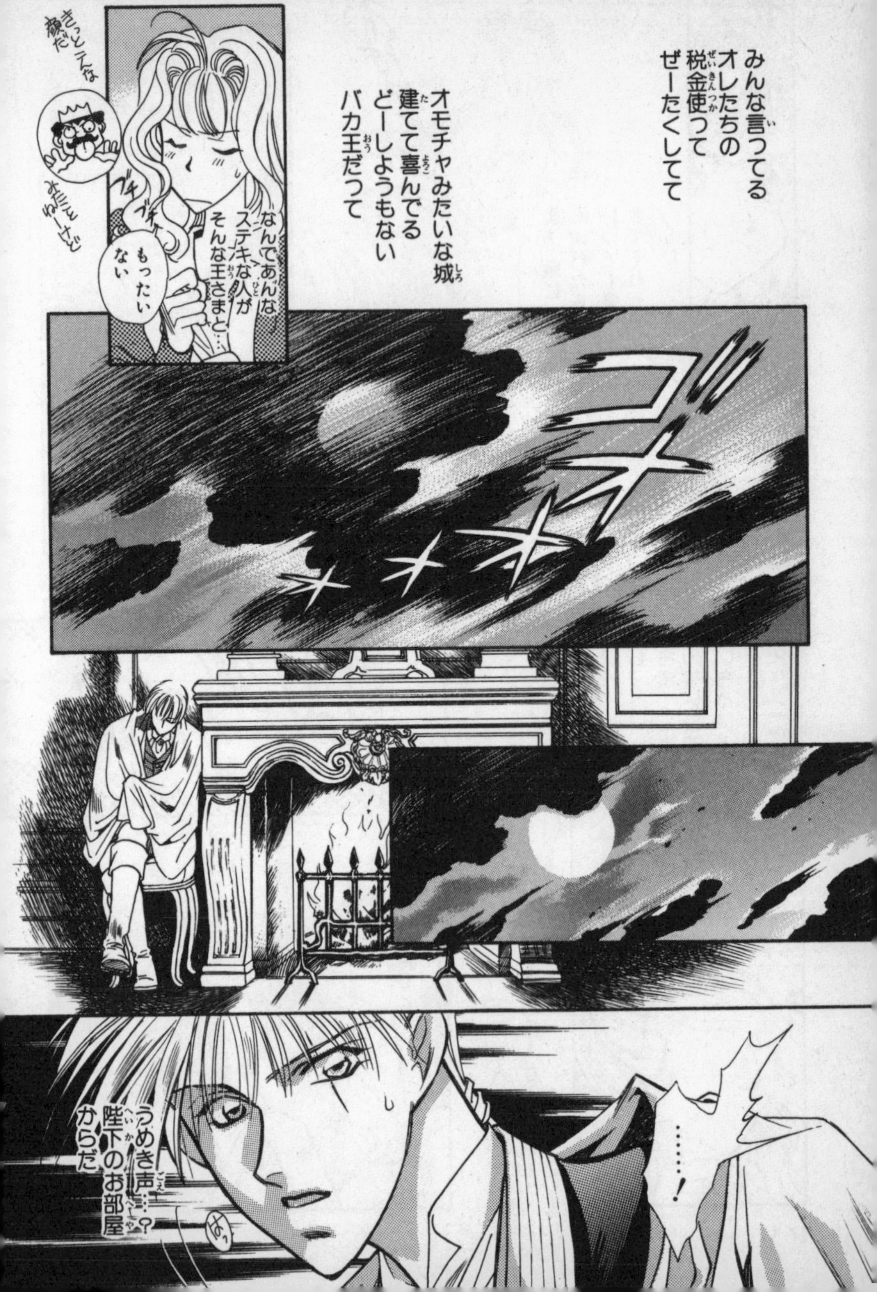

みんな言《い》ってる
オレたちの
税金《ぜいきん》使《つか》って
ぜーたくしてて
オモチャみたいな城《しろ》
建《た》てて喜《よろこ》んでる
どーしようもない
バカ王《おう》だって
なんであんな
ステキな人《ひと》が
そんな王《おう》さまと…
もったいない
ブチブチ
きっとこんな顔だ
みたことねーけど
ゴオオオオ
……！
うめき声《こえ》…？
陛下《へいか》のお部屋《へや》
からだ
はっ

どうかなさいまし…
!
あ…う
ああ
あれは何《なん》だ!?
人影《ひとかげ》…?
よく…見《み》えないけど
何《なに》か…いる!?

ばん
ばたん
ばたん
わっ…
ホル…ニヒか？
どうか
したのか…？
陛《へい》…下《か》

何《なに》やらお苦《くる》しみのご様子《ようす》だったので…
お一人《ひとり》ですか？
妙《みょう》なことを言《い》う
誰《だれ》がいるというのかね？
ぱたん…
夢《ゆめ》を見《み》た…
とても恐《おそ》ろしい夢《ゆめ》…
それでうなされたのだろう
この頃《ごろ》まともに眠《ねむ》れない
やっと眠《ねむ》りについたかと思《おも》うと
恐《おそ》ろしい夢《ゆめ》で叩《たた》き起《お》こされる…

何《なに》か──
温《あたた》めたワインでもお持《も》ちしましょうか
スッ
いや──いい
もう大丈夫《だいじょうぶ》だ
月《つき》…明《あ》かりはこの倦《う》んだ世界《せかい》をも美《うつく》しく見《み》せる…──いや
夜《よる》の世界《せかい》こそが真《まこと》…なのかもしれないな

起《お》こして悪《わる》かったな
もう下《さ》がっていいよホルニヒ
…!
は…
何《なに》かご用《よう》がおありでしたら隣室《りんしつ》にて控《ひか》えておりますので何《なん》なりと…
陛下《へいか》
陛下《へいか》…
陛下《へいか》…
ドン

あ…あなたは一人《ひとり》で何処《どこ》へ行《い》こうとなさっているのです
私《わたし》は一人《ひとり》でおいてゆかれ途方《とほう》にくれる
あなたは孤高《ここう》の王《おう》誰《だれ》にも登《のぼ》れない高《たか》みへ行《ゆ》ける方《かた》
ならば…ならば私《わたし》はどうすればいいのです
どうすれば…

ホル…
！
コツ…

コッ
コッ
コッ
陛下《へいか》の行方《ゆくえ》は依然《いぜん》として分《わ》からんのか…!
はあ ニンフェンブルクからリンダーホフへ旅立《たびだ》たれたのは分《わ》かっているのですが…
その後《ご》おそらく山荘《さんそう》を目指《めざ》されたかと…
あの"アルプス王《おう》"が〜〜〜っっ
急《いそ》ぎ王《おう》にご署名願《しょめいねが》わねばならん書類《しょるい》が山積《さんせき》しているのだ
おや これはアイゼンハルト官房長官殿《かんぼうちょうかんどの》!
おおいい所《ところ》に君《きみ》なら王《おう》の居所《いどころ》を知《し》っているんじゃないかね?

さあ シュヴァルツヴァルトの方《ほう》へ向《む》かうと聞《き》きましたが
黒い森《シュヴァルツヴァルト》〜〜〜 あんな広範囲《こうはんい》どーやって捜《さが》せっていうんだ〜っっ
陛下《へいか》は日増《ひま》しに隠遁的《いんとんてき》で風《ふう》がわりになられてゆく嘆《なげ》かわしいことだ!
たいへんですなあ
ルートヴィヒはこの頃《ころ》ワーグナーに宛《あ》てた手紙《てがみ》の中《なか》でこう書《か》き送《おく》っている
「私《わたし》はあの俗悪《ぞくあく》な日常《にちじょう》 そして救《すく》いがたい現実政治《げんじつせいじ》から遠《とお》く離《はな》れ崇高《すうこう》な山岳《さんがく》の孤独《こどく》と神々《かみがみ》の黄昏《たそがれ》の中《なか》で安《やす》らぎを得《え》たいのです――」と
救《すく》いがたい現実政治《げんじつせいじ》それはどんなものだったのか 実際《じっさい》 王《おう》にとって政治《せいじ》は厭《いと》わしいものになり果《は》てていた
プロイセンの属国《ぞっこく》と成《な》り果《は》てたあの日以来《ひいらい》――
ムズ
やーっとつかまえましたゾ陛下《へいか》!

スチャラカ
チャン
チャン チャン
ほえ…？
やあ アイゼンハルト
ビール祭《まつ》り だとさ 山岳《さんがく》の民《たみ》は陽気《ようき》なことだ！
おーさま おーさま 一《いっ》ペエやらんかね？
陛下《へいか》になんつー口《くち》のきき方《かた》を！
首相《しゅしょう》のルッツ殿《どの》が掲《かか》げる法案《ほうあん》はすべからくカソリックを弾圧《だんあつ》すると 国民《こくみん》から反感《はんかん》の声《こえ》が上《あ》がっています
当然《とうぜん》だ ルッツはビスマルクの息《いき》のかかった人間《にんげん》だからね
だが 私《わたし》の立場《たちば》としては彼《かれ》を支持《しじ》せねばならんのだろう “プロイセン”の…ね

皮肉《ひにく》なものだ
――どう いたしましょうか 陛下《へいか》
ハ… よしたまえ
反《はん》ルッツを押《お》し たてたとして 結果《けっか》は より 国民《こくみん》の反感《はんかん》を 買《か》うだけだ
――なかなか 鋭《するど》い
だが それだけだと 政治的破綻《せいじてきはたん》を きたしてしまう そうだな アイゼンハルト?
あっとー
君《きみ》たちの考《かんが》えて いることは分《わ》かる 愛国党寄《あいこくとうよ》りのガッサーを 首相《しゅしょう》にそえて ルッツに ぶつけるしかない それで均衡《きんこう》を保《たも》とうと 思《おも》っておいでだ
陛下《へいか》
ガタッ
くだらん国事《こくじ》に 貴重《きちょう》な時間《じかん》を 取《と》らせないで くれないか
印《いん》は押《お》してやる とっとと書類《しょるい》を 持《も》って帰《かえ》ってくれ!

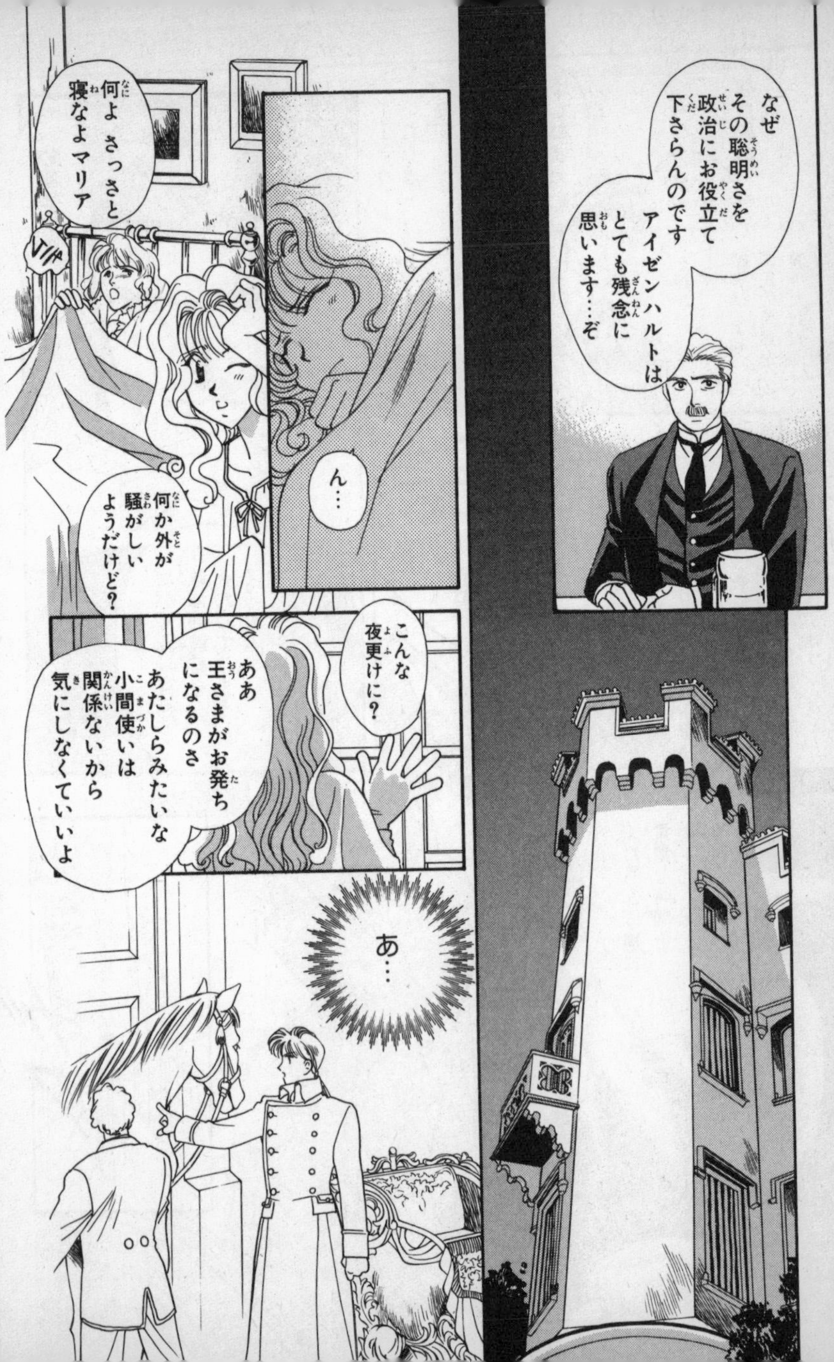
なぜ その聡明《そうめい》さを 政治《せいじ》にお役立《やくだ》て 下《くだ》さらんのです
アイゼンハルトは とても残念《ざんねん》に 思《おも》います…ぞ
ん…
何《なに》よ さっさと 寝《ね》なよマリア
何《なに》か外《そと》が 騒《さわ》がしい ようだけど？
こんな 夜更《よふ》けに？
ああ 王《おう》さまがお発《た》ち になるのさ あたしらみたいな 小間使《こまづか》いは 関係《かんけい》ないから 気《き》にしなくていいよ
あ…

ホルニヒさんだ…!
馬の準備はできているな
はっ
もうそろそろ王がお出ましになるぞ そそうのないように!
わかった それでは皆にお待たせせぬよう迅速に行動するように伝えてくれ
中継点の確認はすんでおります
こんな寒《さむ》いのに手《て》ぶくろもしてない…!
大体《だいたい》なんでこんな真夜中《まよなか》に馬車《ばしゃ》の用意《ようい》させんだよ
かわいそーじゃねーか
非常識《ひじょうしき》だッ
え…何《なに》
急《きゅう》に空気《くうき》が緊張《きんちょう》した

え…！
あれが…王様《おうさま》
うそ…ッ

思《おも》ってたのと全然《ぜんぜん》違《ちが》う
がーん
フワ！
―！

ホルミヒさん カンテラ どこにおきましょうか
油の補充は大丈夫だろうね？
優《やさ》しさと切《せつ》なさ
――そして何《なに》よりも
愛《いと》しさを――
めいっぱいの愛《いと》しさをこめて……
こんな…

人《ひと》が…こんな表情《ひょうじょう》するの
はじめて見《み》た
見《み》ている者《もの》まで
切《せつ》なくなるような…究極《きゅうきょく》の想《おも》い…

カッ
!
やーれやれ
アイゼンハルト殿《どの》を笑《わら》ったのがバチが当《あた》ったのかー
これどーしても陛下の署名がいるんだよな
お鉢《はち》がこっちにもまわってきちまった
ガサ…
あれは今噂《いまうわさ》のヴァリコート男爵《だんしゃく》
どーしたってんだあんなコソコソと…

ホルニヒはいねーのか？
あ ホルンシュタインさま
ヴァリクール殿《どの》は馬《うま》にでも興味《きょうみ》あんのか？
今《いま》山越《やまご》えの中継点《ちゅうけいてん》の下見《したみ》に行《い》かれてます まもなく戻《もど》ると思《おも》いますが
なんかよくわかんないスけど 陛下《へいか》の愛馬《あいば》をご覧《らん》になりたいと…
へー
なんかウサンくせエな
ホ〜 これはキレイな馬《うま》だな
ガンロット号《ごう》は特別《とくべつ》ホルニヒさんが手塩《てしお》にかけて世話《せわ》してますからね
目《め》に見《み》えるよーだな
あ 戻《もど》って来《き》たみたいですよ
おー 丁度《ちょうど》いい 陛下《へいか》に急《いそ》ぎ用《よう》があんだ 取《と》り次《つ》いでくれ

じーー!!
疲《つか》れてるんだなぁ──無理《むり》もない…か
はっ
すいません今何時《いまなんじ》ですか
がばっ
えっと10時《じ》まわったとこ…かな
ワタワタ
わーっ大変《たいへん》だ皆《みんな》に指示《しじ》を出《だ》さないと
ごくろーさん
ばんっ
あ…大変《たいへん》です ホルニヒさん ガンロット号《ごう》が突然《とつぜん》暴《あば》れだして…
ブヒヒヒヒ

一体《いったい》どーしたっていうんだ！
どーにもこーにも訳分《わけわ》かんないですよ！
どけ！
私《わたし》がやる！君《きみ》らは下《さ》がってろ
陛下《へいか》の愛馬《あいば》に万一《まんいち》の事《こと》があったら信用問題《しんようもんだい》だからな…
もっと大騒《おおさわ》ぎになるがいい！
失脚《しっきゃく》の第一歩《だいいっぽ》にはもってこいの出来事《できごと》だ！
ムズ☆

なんだ お前《まえ》 この前《まえ》の失礼《しつれい》な 小間使《こまづか》いじゃないか
あの馬《うま》に 変《へん》なもん 飲《の》ませたろ
見《み》てたぜ
あんたの 行動《こうどう》ってスゲー 先《さき》が読《よ》みやす いんだよな
何《なに》を 証拠《しょうこ》に！
あんたの部屋《へや》 探《さが》してたら あったんだ これの中身《なかみ》 調《しら》べてみりゃ 分《わ》かるこったよね
この…っ 勝手《かって》に 部屋《へや》を漁《あさ》ったのか ドロボウ猫《ねこ》が
なんだ なんだ!?
あんたも貴族《きぞく》なら んな狡《こす》いこと やめろよなッ
わあっ

ムチャですよ〜〜
ホルニヒさん!!
危《あぶ》ない…!
ぐずぐずしてないで
他《ほか》の馬《うま》を厩舎《きゅうしゃ》へ
戻《もど》してくれッ!
ホルニヒ
バカヤロー
手《て》を離《はな》せ
引《ひ》きずられ
ちまうぞ
いやだ
この馬《うま》だけは
何《なん》としても…
あうっ
危《あぶ》ない
よけろッ
陛下《へいか》の…
大切《たいせつ》な

ホルニヒ
どうしたのだ 騒々《そうぞう》しい
誰《だれ》か 馬《うま》をもって 来《こ》いッ
あ 陛下《へいか》 ホルニヒが…!

ホルンシュタイン伯《はく》
大丈夫《だいじょうぶ》ですか
おうっ
任《まか》せとけ
へ…
陛下《へいか》!?

く…苦《くる》しい
でも
離《はな》すものか
ホルニヒ
ガ

!
陛《へい》…下《か》!
手《て》を離《はな》せ
お前《まえ》の身《み》が
もたぬ!
いやです
これは私《わたし》の
落《お》ち度《ど》です
これくらいしか
何《なん》としてでも
止《と》めてみせますッ
ホルニヒ
私《わたし》があなたに
してさしあげる
ことは
できないの
だから…!
せめて…

ばか…
ものが…！
ガッ
今《いま》だホルニヒ
飛《と》び乗《の》れッ

はあっ

ブルル…
ホゥ
てんやわんやの大さわぎ。
陛下《へいか》はどこへ行《い》かれた
陛下《へいか》の後《あと》を追《お》うんだ
馬《うま》はどーした
大事《おおごと》になっちまったなあ
失脚《しっきゃく》すんのはあんたの方《ほう》だな
まったく…ムチャをする！

あ…陛下《へいか》
結構《けっこう》です
自分《じぶん》でやります
あ〜〜ミルクタイ水にひたしちゃって…
うるさい
お前《まえ》の
きめの細《こま》かい
肌《はだ》がズタズタだ
?
ピクッ
今《いま》でも
信《しん》じられない
あなたが
来《き》てくださった
こと…
私《わたし》も
こんなバカ者《もの》
追《お》うつもりは
なかったのだが

気《き》が付《つ》いたら手綱《たづな》を握《にぎ》っていた
プイ
──陛下《へいか》
!
!
私《わたし》の顔《かお》を見《み》るな…!

お前《まえ》は私《わたし》の決心《けっしん》を崩《くず》す
いつも——いつもだ
私《わたし》が…あなたを繋《つな》ぎとめる唯《ゆい》一《いつ》の枷《かせ》にもなりましょう
大《たい》した自信《じしん》だな
自信《じしん》…ではありません
確信《かくしん》といっては驕《おご》っているでしょうか…

――けれど
私《わたし》はそうせねばならない
この役割《やくわり》は私《わたし》だけのものだ…!
私《わたし》だけの!!
ホルニヒ

カツン

カツ…
カツ…
王《おう》さま ああやって一人《ひとり》で オペラをご覧《らん》に なるのさ
観衆《かんしゅう》に自分《じぶん》が 見《み》られるのは ウンザリなんだ そうだ…
だだっ広《ぴろ》い 劇場内《げきじょうない》唯一《ゆいいつ》の 観客《かんきゃく》…
そのお姿《すがた》は 幽鬼《ゆうき》のように鬼気《きき》 せまって見《み》えるらしい
ルイ…
王朝《おうちょう》もの ですか
あなたの 憧《あこが》れの ロココ…

帰《かえ》りきたることのない昔日《せきじつ》の郷愁《きょうしゅう》…
ス…
つれてゆくか…私《わたし》も
オットーのように…?
あなたのお心《こころ》次第《しだい》です
——!これはホルニヒの…!
あっ
陛下《へいか》からいただいた…!
鍵《かぎ》…
びっくりすんだろー
どーしたよっ

ヤバイ
あん時《とき》おっことしたんだ
ちょっと捜《さが》してくる
ん
包帯《ほうたい》ありがとマリア！
どう…なさいます？
話《はな》し声《ごえ》がするが誰《だれ》かボックス席《せき》にいるのか
いや陛下《へいか》お一人《ひとり》だ
え
ぞっ
なるようになる…
時《とき》にまかせるさ

ルーさまを訪《たず》ねて II
何《なに》か思《おも》った以上《いじょう》にこのコーナー反響《はんきょう》があったんだよね
これ見《み》てルー様《さま》の十字架《じゅうじか》の湖《みずうみ》に行《い》ってみたいって人《ひと》多《おお》かったみたい
ふつーのガイドブックのってないもんね
交通アクセス
ミュンヘンからS6(電車)で「Starnberg」まで。そこからはタクシーがBest。
※ただし田舎道なので、日の高いうち、外国語のできる人と一緒の方が、より好ましいと思います。ホント何もないのよここは!
チーフアシおだ
でーーん
「はじめ人間《にんげん》ギャートルズ」のお肉《にく》…?
バイエルンの郷土《きょうど》料理《りょうり》"シュバインスハクセ"だよ
じっくりあぶったパリパリの皮《かわ》はおいしいお肉《にく》もジューシィ
小麦粉《こむぎこ》と練《ね》ったジャガイモ玉《だま》はプニプニしてて面白《おもしろ》い
あんまりおいしくないけど…
プニョーン
ガイドブック
まじです!
けどーー
けど…この量《りょう》は一体《いったい》…
ソーセージたっぷりと
のさっ
大盛キャベツ
どーーっ
はみ出す肉
これで1人前!!
肉だんごのスープ

ドイツ人《じん》の胃袋《いぶくろ》はグレートです
あかん半分も食べられやしない…
ケプ
デパートで正方形《せいほうけい》のズボンを発見《はっけん》した時《とき》は納得《なっとく》したよ
おおっ
よく食《た》べよく飲《の》み
陽気《ようき》に歌《うた》う実直《じっちょく》で素朴《そぼく》なバイエルン人《じん》
こんな人々《ひとびと》がルーさまのお国《くに》の人《ひと》
書店《しょてん》でもルーさまの本《ほん》けっこーありました
（私が行ったのがるー生誕150年だったからかしら）
中《なか》で絵ハガキ本《ぼん》みたいなのがあってその一枚《いちまい》
←ひげもじゃのおっさんがお花につつまれてハートのるーさまをだきしめている…
もっとすげーのお花の中のるーさま こいつぁこわい…
この感覚《かんかく》はもはや日本人《にほんじん》の私《わたし》には理解《りかい》の範疇《はんちゅう》にない
雨《あめ》の中《なか》湯気《ゆげ》をたてた馬《うま》のおしりを見《み》ながら
カポ
カポ
辿《たど》り着《つ》いたお城《しろ》

このお話《はなし》にも
何度《なんど》もその名《な》が
登場《とうじょう》するノイシュ
バーンシュタイン城《じょう》
前回《ぜんかい》も書《か》いた通《とお》り
ルーさまは
私《わたし》が死《し》んだら
この城《しろ》は爆破《ばくは》
してほしい…
と言《い》った
それは彼《かれ》の 決《けっ》して俗人《ぞくじん》に
踏《ふ》み込《こ》まれたくない聖域《せいいき》——
彼《かれ》のメルヒェンそのものだったから
けど——知《し》っているだろうか
ルーさま以外《いがい》にも 自分《じぶん》の死《し》と
共《とも》にこの城《しろ》を爆破《ばくは》しろと
言《い》った人間《にんげん》がいた事《こと》を
アドルフ・ヒトラー
彼《かれ》はドイツ第三帝国《だいさんていこく》の
崩壊《ほうかい》の道連《みちづ》れとして
ノイシュバーンの名《な》を
上《あ》げたのです…！
ミュンヘン歴史資料館《れきししりょうかん》で見《み》た
痛《いた》ましい写真《しゃしん》
崩《くず》れ落《お》ちる壁《かべ》
この美《うつく》しいミュンヘンの街《まち》が
瓦礫《がれき》と化《か》していた
——第二次世界大戦《だいにじせかいたいせん》の悲劇《ひげき》
この戦争《せんそう》でレジデンツの
ウィンターガーデンも爆撃《ばくげき》され
今《いま》は写真《しゃしん》を
残《のこ》すのみ
この本では「ラインの黄金」で かいてたところね
——涙《なみだ》が出《で》そうになりました

ノイシュバーンシュタイン城《じょう》の爆破《ばくは》は
幸《さいわ》い下見《したみ》に行《い》った人《ひと》が 爆破《ばくは》するには
あまりにも忍《しの》びなくて
決行《けっこう》されませんでした
ルーさまの夢《ゆめ》
現実《げんじつ》のドロドロしたイヤらしさも
悲《かな》しみもすべて漉《こ》し取《と》った上澄《うわず》み液《えき》の
ような透明《とうめい》な空間《くうかん》
戦《たたか》いで疲《つか》れ切《き》った彼《かれ》らの目《め》に
どう映《うつ》ったのでしょう…
聖《せい》ミヒャエル教会《きょうかい》
ルーさまの遺骨《いこつ》の
眠《ねむ》る場所《ばしょ》…
夢《ゆめ》の王《おう》の伝説《でんせつ》が
現代《げんだい》の人《ひと》の心《こころ》を打《う》つのは
人間《にんげん》が随分《ずいぶん》と遠《とお》く離《はな》れて
しまった何《なに》かの郷愁《きょうしゅう》
なのかもしれません
その柩《ひつぎ》には
ひっそりと──小《ちい》さな
花束《はなたば》がおかれていました
その花《はな》はまだ新《あたら》しく
取《と》り替《か》えられた
ばかりの──
LUDWIG.II.

ミュンヘンの街《まち》を夜歩《よるある》いていると……
どこからともなく聖歌《せいか》が流《なが》れてきました
？
それはかなり大勢《おおぜい》の人《ひと》が歌《うた》っている感《かん》じで
なんかあっちの方《ほう》からや
聖歌《せいか》のようでもあり…
行《い》ってみよー
しかし不思議《ふしぎ》な事《こと》にいくら探《さが》してもその歌《うた》がどこで鳴《な》っているのか分《わ》かりませんでした
ヴィオラを弾《ひ》いている青年《せいねん》が一人《ひとり》いるのみ——
あれー？
もう かれこれ2年前《ねんまえ》の話《はなし》になります
古くてごめんねー
あうーん あとがきのネタのためにも
今年こそは ドイツ旅行 行きたいなー けど〆切がなー
さて 果《は》たして氷栗《ひぐり》が旅行《りょこう》にゆけたかどうかは第三巻《だいさんかん》であかされる乞《こ》うご期待《きたい》！

☆ルーさまの時代のベルク城は現存しているのでしょうか。資料さがしても（ひぐりは外国語ダメなので♪）ベルクだけは いぜん ナゾ だらけなのです。だれか教えてー。HELP!!

参考文献

・KÖNIG LUDWIG II MUSEUM ・Ludwig II. und Seine Schlössen
・Ludwig II and his Dream Castles ・LUDWIG II. ・ELISABETH
・FRIEDRICH WICHELM PFEIFFER ・Castles Mystery and Music
・King of the Mountains ・Friedrich Prinz Ludwig II.
・Auf den Spuren KÖNIG LUDWIGS II. ・DAS JAGDSCHLOSS-DES MÄRCHEN KÖNIGS-
・狂王ルートヴィヒ ジャン・デ・カール（中公文庫） ・麗しの皇妃エリザベト ジャン・デ・カール（中公文庫）
・ルートヴィヒ ルキノ・ヴィスコンティ（山猫書房）・ローエングリン リヒャルト・ワーグナー（新書館）・ニーベルンゲンの指環 ワルキューレ リヒャルト・ワーグナー（新書館）・ 湖のトリスタン 田代櫂（音楽之友社）
・ルートヴィヒII世 須永朝彦（新書館）・大作曲家世界5（音楽之友社）・ワーグナー（TBSブリタニカ）
・ワーグナーへの旅 木之下晃他（新潮社）・ヴィスコンティ＝ルードウィッヒ・神々の黄昏（新書館）

①巻出してから早1年以上たってしまいましたが、ルーII.②巻、いかがだったでしょうか。
今後の展開に、とても頭を悩ませつつ③巻へとつづきます。
宜しかったらこれからもおつきあい下さるとうれしいなぁ…ナンテ。

このマンガをかくにあたりアシスタントして下さった、ひたきかなこさん、宮越和草さん藤方萌実さん 中辻直子さん 安部かずほさん本堂真琴さん 綿津見灯遠理さん 松平徹さん井辻恵巳さん いずみ聖さん 高梨謙吉さん緒田涼歌（チーフ）、ありがとうございました。

そしてこの本を手にとって下さった読者の皆さま、本当に感謝しております。
もしよろしければ感想のお手紙などいただけたらうれしいです♥

〒102 東京都千代田区九段北
2-3-2 角川九段ビル4F
角川書店「歴史ロマンDX」
氷栗優 まで

初出

ルートヴィヒII世――――ローエングリン幻想譚 増刊ミステリーDX「歴史ロマンDX」1996年冬の号掲載
ルートヴィヒII世――――ヴァルハラの使者 増刊ミステリーDX「歴史ロマンDX」1996年初夏の号掲載
ルートヴィヒII世――――ラインの黄金 増刊ミステリーDX「歴史ロマンDX」1996年秋の号掲載
ルートヴィヒII世――――憂愁のジークフリート 増刊ミステリーDX「歴史ロマンDX」1997年春の号掲載
ルーさまを訪ねてII――――◉描きおろし

ASUKA COMICS DX

ルートヴィヒII世
ラインの黄金
2

著者
氷栗優

発行者
角川歴彦
発行所
株式会社 角川書店
〒102 東京都千代田区富士見2-13-3
振替00130-9-195208
電話■編集部03-3238-8646/営業部03-3238-8521
装幀
戸田ツトム＋岡 孝治
印刷
旭印刷株式会社
製本
株式会社 多摩文庫
初版発行
1997年6月2日

Printed in Japan

ISBN4-04-852822-X C0979